给孩子的简明中国史

A Child's History of China

太喜欢历史了！

知中编委会 编著

捌 辽金西夏元

中信出版集团｜北京

图书在版编目（CIP）数据

太喜欢历史了！给孩子的简明中国史 / 知中编委会
编著. -- 北京：中信出版社，2019.4（2025.9 重印）
ISBN 978-7-5086-9375-0

Ⅰ.①太… Ⅱ.①知… Ⅲ.①中国历史－少儿读物
Ⅳ.①K209

中国版本图书馆CIP数据核字(2019)第013398号

辽金西夏元（太喜欢历史了！给孩子的简明中国史）

编　　著：知中编委会
出版发行：中信出版集团股份有限公司
　　　　　（北京市朝阳区东三环北路27号嘉铭中心　邮编　100020）
承 印 者：北京联兴盛业印刷股份有限公司

开　　本：787mm×1092mm　1/16　印　张：5　　　　字　数：90千字

版　　次：2019年4月第1版　　　印　　次：2025年9月第32次印刷

书　　号：ISBN 978-7-5086-9375-0

定　　价：398.00元

辽金西夏元

时代背景

来自北方的统治者们　　　　　　　　0 2

衣食住行

生活在辽金西夏元　　　　　　　　　0 4

历史事件

01 契丹人崛起！　　　　　　　　　　0 8

02 他们是怎么从部落变为国家的？　　1 2

03 向中原扩张，成为北方地区的老大！　1 8

04 辽国"最后的晚餐"！　　　　　　2 4

05 取代辽的女真人崛起了！　　　　　2 7

06 短暂辉煌的大金王朝　　　　　　　3 2

07 百年前的历史悲剧再次上演　　　　3 6

08 党项人，帝王的后代　　　　　　　3 9

09 大白高国的诞生！　　　　　　　　4 2

10 两宋与辽、夏、金的对峙　　　　　4 6

11 称霸欧亚的蒙古人！　　　　　　　5 2

12 元朝的建立！　　　　　　　　　　5 8

13 元朝的读书人都在干什么？　　　　6 4

14 最后的草原帝国　　　　　　　　　7 0

太喜欢历史了！
给孩子的简明中国史

出版人 & 总经理
苏静

艺术指导
汉堡

内容监制
叶扬斌

撰稿人
郭怡菲 / 罗灿 / 书鱼 / 徐乐 / 许峥 / 李艺 / 绪颖 /
陆西渐

插画师
Ricky / 蒋讲太空人 / 子鱼非 / 黄梦真 / Zoey /
Yoka

策划编辑
王菲菲 / 苏静

责任编辑
陈鹏 / 叶扬斌 / 刘莲

营销编辑
马英 / 谢沐 / 张雪文 / 严婧 / 刘天怡

联系我们
zhichina@foxmail.com

发行支持
中信出版集团股份有限公司，北京市朝阳区惠新
东街甲 4 号，富盛大厦 2 座，100029

微博账号
@ 知中 ZHICHINA

微信账号
ZHICHINA2017

辽金西夏元

文：罗灿

绘：蒋讲太空人（时代背景）
　　Ricky（衣食住行，历史事件）

来自北方的统治者们

唐朝在"黄巢起义"（878年—884年）中，国力被大大削弱，其统治也被动摇。

自此之后，这个帝国就只是空有一个名号而已。此时，唐朝的统治者已经失去它的政治权威，藩镇割据严重。唐朝灭亡后，直到960年，北宋才重新统一中原。在这漫长的几十年时间里，与之形成鲜明对照的，是北方的部落民族陆续建立新的国家，先后确立各自的统治。

这些民族原本是中原政权的臣属，定期要向天子朝贡，以获得和平生存的机会。但他们并不满足于永远臣服。他们真正渴望的，是成为独立的政权。

这些北方民族中，蒙古人是最有野心、最有实力的。蒙古人心目中的"天下"，远远超过汉、唐、宋的皇帝所能想象到的范围。蒙古军队西征的铁蹄一直踏到了中国之外欧亚大陆的其他土地上，因此也大规模推进了中国与世界的交流。

在两三个世纪的时间里，中国不是由一个王朝统治，而是多个王朝并立。这种多王朝长期并立的状态直接影响了人们的生活，而在这些北方民族建立的国家里，大多保持着两套完全不同的制度，汉人及其他民族在不同制度下共同生活着。

生活在辽金西夏元

（衣）

　　北方民族由于深受生活环境的影响，他们的穿着与中原汉人的宽大服装截然不同。无论是契丹人、党项人，还是鞑靼人，都穿着典型的胡人服装：窄袖长袍、长靴子，系腰带。他们的腰带上有许多环孔，用来佩戴弓、箭、刀、砺石等随身物件。窄袖是为了便于骑射，长靴则是为了方便穿过大片山林草地。除了衣着，他们还有着各自独特的"剃头"习俗。为了便于骑射和游猎，他们会剃掉一部分头发。

食

　　北方气候寒冷，人们需要大量的脂肪来御寒，所以北方民族的食物多以肉食为主，较少吃米、面、蔬菜等食品。小朋友们现在经常能吃到的牛肉、羊肉，是他们的日常主食，马乳、牛乳、羊乳和奶酪、酸奶也是他们最常见的食品和饮料。由于经常食用肥腻的肉类食物，所以可以助消化的中原茶叶一经传入，就受到他们的追捧，饮茶之风盛行。除了喝茶，豪爽的北方民族还喜欢豪饮美酒。"大块吃肉，大碗喝酒"，正是他们的日常饮食写照。

住

　　不像现在的我们，大都住在自己家固定的房子里。建立国家以前，北方各民族为了适应游牧和渔猎的生活，经常逐水草而居，没有固定的住所。毡帐是他们不可缺少的传统民居，原材料一般来自放牧的牛和羊。这种由动物皮毛"织"成的房屋易于拆卸和搬运，十分轻便，不但让平时的迁徙生活更加便利，更是打仗时所必需的装备。早期的北方民族不论贵族或平民，都住在这样的毡帐里。而如果我们想要判断毡帐主人的社会地位和经济实力，只需要看他的毡帐大小就可以了。迁徙的时候，小的毡帐一辆牛车就可以载走，大的毡帐则要用到三四辆甚至更多的牛车。

行

　　要在广袤的草原和林地上行走，马是最便利的代步工具。因此，北方民族不分阶级、不论男女老幼，都练就了娴熟的骑射本领。除了马匹之外，牛、骆驼、驴也是他们重要的日常交通工具。他们也会利用马、牛、骆驼等畜力牵引车辆，用来乘坐或者装运杂物。当人们骑着马在草原上驰骋时，速度很快。但是，在草原上行车速度却很慢，不过场面十分壮观。赶车人将二三十辆驮车一辆接一辆地拴在一起，然后坐在第一辆车上驾驭，后面拴着的牛、骆驼就乖乖地跟着前面的车辆前进。

01

契丹人崛起！

知识充电站

契丹旗鼓

唐朝皇帝曾赐给契丹首领旗鼓，后来旗和鼓就成为契丹可汗位置的象征，代表着契丹部落联盟的最高权力。因此拥有旗鼓的人，就是统领契丹各部的首领。

契丹是哪个民族？

契丹是中国历史上一个非常古老而又剽悍勇猛的民族。他们生活在北方的草原，现在的蒙古国和中国的内蒙古、东北的部分地区曾是它的领地。很久以前，在契丹流传着这样一个神话：相传，一位骑着白马的神人和一位骑着青牛的天女，偶然相遇在潢河水和土河交汇的木叶山，他们一见钟情，结为夫妻，生下了八个儿子，他们后来发展成为契丹八部，木叶山也被认为是契丹人的发源地。

北魏时期，契丹只是八个松散的部落，这八个部落有着共同的祖先，但是过着各自的渔猎生活，互不统属。随着时间的推移，它们周围的其他部落越来越强大，时常来抢契丹的人口和牲畜。天性勇猛好战的契丹人当然不能忍受被他人随意欺负。于是到了隋末唐初，他们也结成了更加稳固、更具凝聚力的部落联盟。

草原形势的突变

在这个部落联盟中，大家遵守着每三年选举一次的"家族世选"规则，以实力来推选其中一个姓氏的部落酋长为联盟的共同领袖——"可汗"。为了在北方草原求得生存，契丹八部中最强的部落大贺氏和遥辇氏先后带领契丹人小心翼翼地周旋于唐朝、突厥和回鹘（Huíhú）之间，并臣服于他们。就这样持续了一段时间，然后迎来了形势突变的9世纪末。

这一时期，北亚的稳定局势开始发生动摇。东突厥的霸主地位早已于两个多世纪前被回鹘取代，回鹘则因为内部长期统治无道而于840年解体，经历了黄巢起义的唐朝也已经崩溃，徒剩一具空壳。北方草原权力突然真空，在强大邻国的政治与军事动乱中，契丹迎来了发展的时机。

◀ 契丹流传着"青牛白马"的传说。

知识充电站

三支箭遗言

据《新五代史》和《旧五代史》记载，云州会盟之际，左右的人都劝说李克用趁机擒获阿保机，李克用虽然义正言辞地拒绝了，但听闻了该消息的阿保机仍然借此怒而毁约，实际原因则是联盟无利可图，在随后的第二年阿保机就与朱温结为同盟。李克用在临死之际，含恨交给儿子李存勖（Lǐ Cúnxù）三支箭，要他第一支征讨宿敌刘仁恭；第二支攻打背信弃义的阿保机；第三支则消灭已代唐建梁的朱温。之后，李存勖在对卢龙镇、契丹和汴州发兵时，都会取出其中一支箭，由部将带在身上冲锋。凯旋后，再将箭和俘虏的首级一起存放在父亲的祠堂。

迭剌部的成长！

这时候的契丹仍然处于遥辇氏的统领之下。但是，契丹八部中的迭剌部（后改名为耶律氏）因与源自回鹘的一个氏族联姻，两边建立了固定的婚配关系，并且率先从事先进的农业、冶铁和制盐等生产，于是由一个默默无闻的小部落变成实力仅次于遥辇氏的大部落。

辽朝的建立者耶律阿保机便是在这个逐渐兴起的部落中长大的。他的父亲是迭剌部的首领，他的伯父则是契丹的"于越"，也就是契丹所有军队的统帅。从小，他就把军事指挥当作日常训练。901年，身材高大、聪慧勇猛的阿保机凭借着多次果敢的军事行动，得到大家的一致认可，被推选为迭剌部的首领。两年后，阿保机又被推选为契丹的于越，成为契丹人中除了可汗之外最重要的人物。

阿保机连续不停地征战，以获得更多的俘虏和骆驼、羊、马、牛等战利品，来维持游牧民族的"生计"。他先是攻掠广阔草原地区上的室韦、女真和奚，紧接着，就将目光对准了拥有大量财富和精美商品却明显衰落的中原地区。

阿保机——新的契丹领袖

自黄巢起义之后，唐朝就已经丧失了中央权力。几十个藩镇凭借高度集中的军事权力各据一方，分割着唐朝疆土。阿保机想要打入中原，首先必须越过唐朝北方边境的两大劲敌——统治河东镇（今山西一带）的李克用和统治卢龙镇（今河北一带）的刘仁恭。因此，河东镇和卢龙镇成为阿保机必须铲除的对象。就在这时，据守河东镇的李克用经过一番深思熟虑，率先向阿保机伸出了橄榄枝——双方订立盟约，先一同对付刘仁恭，而后一起消灭汴州军阀朱温。其实，李克用的主要目标是正在与之交战的朱温，而阿保机则希望可以尽快夺取卢龙镇。于是，905年，双方在云州会盟，他们互相约为"兄弟"，交换战袍和礼物，在一片和乐之中结成了这次盟约，但阿保机终因无利可图而没有践约。

尽管这场同盟并未履行约定，但至少证明了阿保机已被中原边境的汉人视作契丹领袖。

自903年阿保机的伯父被杀后，他就集契丹联盟军政大权于一身。在不断向周围游牧部落用兵的同时，他也向中原发展势力，插手中原事务。907年，他取代遥辇氏，做了联盟的可汗，契丹也就此翻过了一页，开始步入新的篇章。

▼ 耶律阿保机称可汗，契
丹进入了新的时代。

世界 大事记 中国

911年 西法兰克国王查理三世将诺曼底一带封给诺曼人首领，诺曼底公国建立

907年 耶律阿保机成为契丹可汗

02

他们是怎么
从部落变为国家的？

◀ 工匠们辛勤劳作，一同
努力建设"汉城"。

▲ "四时捺钵"是契丹部落
的传统制度。

草原上的汉城

　　早在初期掳夺中原人口的
时候，阿保机就十分注意妥善
安置他们。在中原降人韩知古
和康默记的建议之下，阿保机
仿照幽州，在北方草原上建立
了第一座适宜汉人居住的"汉
城"。汉城中设施完备，不仅
有城楼、街道和市场，还有祖
庙和驿站。他还善待那些来到
契丹的汉人工匠，为他们提供
生产条件；也善待普通的汉人
百姓，率领他们耕种。这里成
了一座洋溢着商业活力的先进
城市，汉人百姓们在这里安居
乐业，甚至都不想回到中原，
一些饱受战争摧残的边疆百姓
甚至自愿逃到汉城来。在这之
后，汉城在契丹一座接着一座
被建立起来。

阿保机登基！

　　本来按照约定，可汗之位
在转入阿保机所在的耶律氏之

14

后，每三年就会在这个姓氏当中重新推选一次。但是，阿保机并不打算让位于他的兄弟们。城里的汉人们对阿保机说："我们中原的皇帝，从来没有说到了期限就要被取而代之的。"这下子，阿保机更加坚定了"不让位"的决心。三年又三年，一直过了九年，

阿保机还是霸占着可汗之位，不肯交出。尽管在这九年之间，阿保机的兄弟们一再发动叛乱，但都被阿保机给平息了。随后，阿保机在第三次选举之际，索性举行了汉人的登基仪式，宣布自己为契丹国的皇帝。契丹就这样从部落变成了国家。

你知道契丹的国家大事是在哪里决定的吗？

全新的国家制度

建立国家之后，阿保机开始着手为这个国家制定一套全

知识充电站

契丹文字

建国前的契丹人并没有文字，还是使用原始"刻木为契"的方法，即通过在木片上刻痕来记录数字、事件和传递信息。阿保机在与中原的接触中非常仰慕中原文化，于是称帝不久，就命人在汉人的帮助下，根据汉字创造了契丹自己的文字——契丹大字。阿保机的弟弟耶律迭剌在学习了回鹘文之后，又参考回鹘文创造了契丹小字。因此，契丹的文学作品可以用契丹文和汉文两种文字写就。目前，契丹大字、小字均有发现，但由于与汉字对译的资料太少，直到今天仍然没有人能完全释读出契丹文字。

新的制度。他首先将自己的长子耶律倍确定为下一任继承人。从此以后，契丹国不再遵从"草原式"的选举制度，而变成了"中原式"的世袭制度。除此之外，为了管理庞大的国家和国内的不同民族，阿保机确立了一套"胡汉分治"的办法，将中央的官制分为南北两套独立的系统，北面官制依照契丹的法律管理契丹及其他游牧、渔猎民族百姓，南面官制依照中原汉人的法律管理汉人和渤海人。这样，各个民族的百姓都不会感觉到难以适应契丹国的生活了。

紧接着，他开始像汉人君主一样，修建都城。阿保机修建的上京城（今内蒙古巴林左旗东南），既参考了中原都城的设计，又同时保留了北方游牧民族的特色。整座城市从空中俯瞰，是个大大的"日"字，非常鲜明地分成北城和南城。北城是契丹人居住的皇城，南城则分配给汉人及其他民族的人居住。皇城里，有着像汉人城池一样设施完备的城墙、城门、官署、寺庙和孔庙等。

尽管有了固定的都城，契丹人还是无法改变自己"游牧民族"的习性。因此，阿保机保留着契丹部落联盟时期的传统制度——四时捺钵制度。"捺钵"（nàbō）是契丹语，意思是"皇帝行走中的宫殿"，即"行宫"。契丹的皇帝，一年中大部分时间都不在皇宫，而是根据季节变化待在不同的地方。春天在鸭子河泊（今吉林）钓鱼和捕捉天鹅，夏天在永安山（今内蒙古）等地避暑，秋天在伏虎林（今内蒙古）围猎，冬天则在广平淀（今内蒙古）避寒。但是，在捺钵也并不止游猎那么简单，契丹的所有军政大事都是在捺钵进行决策的。在春捺钵和秋捺钵主要处理契丹与所属民族之间的关系，在夏捺钵和冬捺钵主要召集南北大臣开会商讨国家内部的事情。因此，捺钵才是契丹的国家政治中心，而上京对契丹皇帝来说，不过是一个临时住所。

就这样，这个融合了中原和契丹两种文化特点的新国家正式摆脱了中原王朝的约束，开始"名正言顺"地与中原王朝对立。

921年 阿拉伯人巴尔基编成第一部《世界气候图集》

918年 契丹开始营建都城上京　　　　920年 耶律鲁不古、耶律突吕不受命创制契丹大字

知识充电站

阿保机
是怎么登基的？

关于阿保机登基的过程，历史上还流传着一个小故事。

据说到了916年，契丹其余七部的成员也终于忍无可忍，他们为了恢复契丹原有的选举制度，一起强迫阿保机退位。阿保机只好归还了象征汗位的旗和鼓，对七部的成员说道："我当可汗已经九年了，这期间手下多了非常多的中原汉人。我想自立一部专门治理汉城，可以吗？"契丹各部听完之后，答应了阿保机的请求。

来到汉城不久，阿保机便采纳了夫人述律平的建议，派人通告各部的首领："你们食用的盐都是来自我汉城的盐池，你们只知道吃盐方便，却不知道盐池也是有主人的吗？你们都应该来犒劳我和部下。"各部首领听后觉得有道理，于是纷纷带上牛和酒就来了。没想到，阿保机却在暗处设下了埋伏，等到宴会正欢，将各部的首领全部杀死。之后，他吞并各部，自立为王。

真寂寺（今善福寺）

契丹皇帝非常崇信佛教，所以辽国境内佛寺遍布。真寂寺是目前我国已知唯一的一座辽朝石窟寺，"真寂"两个字正好与中窟佛祖释伽牟尼涅槃像相合。石窟中的造像融合了辽与唐、宋多种文化，体现着民族大交融的时代特征。大殿面向东南，这与契丹民族"崇拜太阳"的习俗有关。

▶ 契丹铜镜，背面书有契丹文字。

03

向中原扩张，
成为北方地区的老大！

知识充电站

契丹绘画

契丹的绘画深受中原汉文化的影响，融合了汉与契丹两种风格，多以中国画的笔墨来刻画契丹的草原风光和骑射生活。耶律倍与胡瑰、胡虔父子的绘画在宋朝被誉为"神品"。

阿保机家族的危机时刻！

阿保机建立契丹国之后，仍然不忘向周边扩张。很快，他就将契丹东边的渤海国收归囊中，并将其改名为东丹国。然后，他把太子耶律倍留在这个骚乱未平的新属国里担任国主，随后启程回国，不料却在返回途中因病去世。

开国皇帝突然死在了前线，危机当前，能干的皇后述律平展现了她的冷静和智慧。阿保机去世的第二天，她就开始亲掌国家的军政大权。她命令远征军的主力护送阿保机的灵柩缓慢回朝，在她的安排下，队伍一直走了一个多月才回到上京。她则利用这段时间整顿内务，确保朝廷仍然在阿保机家族的掌控之下。这之后，述律平主理了一年的朝政。

927年，就在阿保机去世的第二年秋天，皇陵建成，阿保机正式入葬。按照契丹的习俗，述律平理应和其他三百多人一同殉葬。但述律平拒绝殉葬，她对聚集在皇陵前的契丹首领们说道："我也想与亡夫同去，但是，儿子们年龄尚小，国家无人治理。我如果去了，契丹国的前途不就危险了吗？"说罢，她挥刀砍下自己的右手，放入阿保机的棺椁(guānguǒ)，以示代替自己殉葬。如此，契丹各首领都不再说什么了。

世界
大事记
中国

928年 布拉格城首次出现在历史记载中　930年 冰岛人于辛威里尔平原首次成立露天议会（国会）

926年 契丹灭渤海国

▼ 耶律倍？耶律德光？该
选择哪位皇子成为新一
任的契丹皇帝？

942年 巴格达作家哲海什雅里逝世，据传他曾收集整理《一千零一夜》

10世纪前期 契丹改官制，分南面官和北面官，因俗分治汉人和契丹人

继承人的选择

契丹国的一切，都在这位"断手皇后"的掌控之中，包括继承的人选。下一任国主的人选，本来早早就定下了博学多才的太子耶律倍。耶律倍温文尔雅，会使用契丹文和汉文两种文字写作，并且有着绝世高超的绘画水平，最擅长画人物骑射。不仅如此，喜爱中原文化的他还是音乐、藏书、医学、占卜方面的专家。但这些才能对于重视战斗传统的契丹民族来说，都不是什么加分项。述律平内心的天平倒向了屡建战功的二儿子耶律德光。

她命令耶律倍和耶律德光二人一同骑马立于她的帐前，然后对契丹各首领说："两个儿子我都是一样地疼爱，不知道要立谁为好。你们认为应当立谁，就来拉一下他的缰绳。"大家都明白述律平的心思，于是争相拥立二皇子耶律德光。就这样，耶律倍回到东丹国，耶律德光则成为继阿保机后契丹的第二位皇帝。

燕云十六州

耶律德光同样是一位雄心勃勃的征伐者，他没有辜负述律平的期待，开始了继续向中原扩张的步伐。这一时期，本来就风云突变的中原形势，与阿保机在位时期相比，又发生了许多变化。在中原的北方土地上，后梁建立，后来，后唐又灭掉了后梁。到耶律德光统领契丹时，后唐是阻止契丹向中原扩张的主要对手。但后唐这个新王朝的统治也不那么稳定。936年，后唐官员石敬瑭起兵叛乱，还引发了其他地方的反叛。

为了应对后唐的进攻，石

你赞同契丹人的选择吗？如果你有一张选票，你会把它投给哪位皇子呢？

▶ 为了成为中原新王朝的皇帝，石敬瑭将燕云十六州送给了契丹。

敬瑭思来想去，将求助的目光对准了契丹。耶律德光明白，机会来了。于是他亲自率领"五万"骑兵南下，帮助石敬瑭打败了后唐的军队，并封石敬瑭为中原新王朝后晋的皇帝。为此，石敬瑭付出的代价是将包括幽州（今北京，古燕国地）在内的十六个州割让给契丹，并认耶律德光为父亲，自称"儿皇帝"。尽管他们之间的约定维持了没几年就随着石敬瑭的去世而被废除，但是契丹却拥有了进攻中原的所有战略关隘。

不过很快，耶律德光就找了个借口灭了后晋。在这之后，中原又经历了后汉和后周两个王朝。直到960年，赵匡胤在陈桥发动兵变，建立了北宋，随后开始了统一中原的步伐。后蜀、南汉、南唐……赵匡胤一个接一个地将南边的独立国家消灭。而等到979年，北宋第二任皇帝彻底消灭最后一个独立政权北汉时，怀抱着被辽夺去燕云十六州的仇恨，他们开始集中兵力向辽进攻。

21

用谈判来结束战争吧！

而契丹那边，在中原忙着统一期间，早已经改国号为大辽，并经历了世宗、穆宗、景宗三代，进入国家发展最稳定的时期。况且，辽也有继续向南扩张的心愿。1004年，辽圣宗亲率兵马大举进攻北宋，一直打到了黄河岸边。这时候，胆小怕事的宋真宗被大臣寇准鼓动亲征，宋军士气大受鼓舞。辽圣宗考虑自己是深入敌方，况且对方还御驾亲征，不宜久战，而宋真宗本就抗拒打仗，于是宋辽双方进行谈判，以次年初的"澶渊之盟"结束了这场大战。

澶渊之盟和约签订后，双方约定为亲密的"兄弟之国"，辽和宋的皇帝互称"兄弟"，称对方朝廷为"南朝"或者"北朝"。这说明，草原契丹政权此时已经与中原政权北宋平起平坐。另外，北宋每年要给辽十万两银、二十万匹绢，并在双方边境开放榷场，以供宋辽两国专门进行边境贸易。这些银绢对北宋来说不算什么，但是却极大地满足了国库收入不足的辽国。而榷场，更是令宋朝的茶叶、瓷器、稻米、丝织品与辽的羊、

▼ 不想打仗的宋真宗，希望能以谈判结束战争，于是宋辽之间的"澶渊之盟"出现了。

977年 神圣罗马帝国皇帝奥托二世因洛林与法国爆发战争

975年 北宋攻占金陵（今南京），灭南唐

990年 契丹册封李继迁为夏国王

马、骆驼等牲畜得以自由地交换，双方的百姓都能自由购买对方的物品。

就这样，在双方统治者的默认之下，这个盟约维持了一百年。这一百年里，虽然北宋在饱受着西边另一个游牧民族政府西夏的困扰，与辽的形势却彻底稳定下来，边境没有受到大的威胁。并且，辽与欧亚大陆的各国和平交往，文化和经济都得到了发展。辽的族名契丹，则以Kitaia、Cathaia、Cathay等形式，在整个欧亚大陆被当作"中国"的代称。在俄罗斯，直到今天人们还是用契丹（俄语"中国"直译过来为"契丹"）来表示中国呢。

契丹陶瓷

辽一步步向中原扩张，契丹百姓的生活也愈发刻下了汉文化的烙印。其中最具特色的莫过于契丹陶瓷。基于游牧民族生活的需要，契丹的许多瓷器采用中原北方白瓷的工艺，但为了方便骑马时使用的设计一般为壶口朝上、造型狭窄，并增加穿孔，与中原瓷器的外型大相径庭。

23

04

辽国"最后的晚餐"！

走上末路的辽与日益强大的金

久经太平盛世的辽步入11世纪后，由于人们已经习惯了太平生活，契丹的王公贵族们也早就放弃了征伐的念头，沉湎于"贵族式"的娱乐和游兴，整个国家停滞不前。到了辽的第八任皇帝道宗统治时期，他乱用奸臣，不理朝政，国家逐渐衰落下去。更严重的是，他的继任者同样是一位荒淫昏庸的统治者。眼看辽就要走上末路了。

与此同时，辽国境内的一个渔猎民族女真却悄悄地兴起了。女真是在隋唐时期形成的部落民族，原本臣属于渤海国。926年阿保机灭渤海国之后，它就顺理成章地继续臣服于契丹。后来，女真人建立了自己的国家——金，自金的开国皇帝完颜阿骨打的祖父时代开始，女真各部逐渐统一，实力也日益增强。

但此时的辽仍然沉浸在自己的大国美梦当中。由于女真人世代生活在现在的东北地区，擅长渔猎，辽朝贵族和官吏便经常向女真各部落压榨勒索，或者用极低的价钱向女真人强购货物。辽人的过分要求令女真人十分不满，多年积累的怨气，只等一个爆发的出口。

头鱼宴引发的战争！

大家还记得辽的"四时捺钵"制度吗？每年春季，辽朝的皇帝都要进行春猎，并且借机将属国或者部族的首领邀请到捺钵地点，举行"头鱼宴"，款待大家。1112年春天，辽天祚帝耶律延禧兴致勃勃地在混同江（今松花江）捕完鱼之后，照旧命令当地各部落的首领们

25

▶ 北方游牧民族在度过了漫长的冬季之后，需要进行春猎补充食物。他们在春天里捕到第一尾鱼的时候，会举行盛大的"头鱼宴"以示庆祝。

参加宴会。在宴会中，他又要求每一位首领献舞一曲。首领们迫于无奈，只好一一为耶律延禧献舞。轮到完颜阿骨打时，他却当场再三拒绝，令耶律延禧很是下不来台，宴会不欢而散。

宴会后，当耶律延禧还在犹豫是否要除掉阿骨打时，认为自己受到侮辱的阿骨打却已经下定决心灭辽。于是，从1114年开始，阿骨打率领早就忍无可忍的女真部落举兵攻辽。第二年，不善打仗的耶律延禧亲率七十万大军在混同江迎战，却落得惨败。一直观望战局的北宋此时也听到了消息，于是主动向阿骨打提议结盟，一起攻打辽。在金与宋的双重夹击之下，辽朝于1125年灭亡。

这之后，辽国的贵族仍然召集契丹残部，陆续建立起西辽、东辽、北辽和后辽政权，虽给辽国"续命"了百余年，但是，它已经丧失与金争夺"北方霸主"的资格了。

▼ 契丹人总向女真人索要珍贵的海东青，作春猎时用。

世界 大事记 中国

1115年 辽天祚帝亲征金国，大败　　1120年 宋金订立"海上之盟"　　1125年 金军擒获辽天祚帝，辽灭亡

○5

取代辽的
女真人崛起了！

还记得辽宋之间签订的"澶渊之盟"吗？自那以后，中国就迎来了北宋与辽一南一北和平共处的一百年。可是，正当辽放松警惕、高枕无忧时，原本臣属于它的女真族（生女真）却悄悄地兴起了。

女真是哪个民族？

女真也是一个非常古老的民族，世代生活在中国的东北地区。但直到五代或者更早的时候，历史上才开始有"女真"这个名称。那时候，生女真分为许多个部落，部落之间常常发生战争。完颜部的祖先率先开始进行内部的整顿和统一，实力逐渐增强。之后，生女真各个部落又顺理成章以完颜部为中心，组成了像契丹一样的部落联盟。

金的建立

由于实力尚浅，一时难以与强大的契丹人相抗衡，女真人不得不向辽称臣进贡，以求生存。可是，辽的统治者们并没有善待这些生活在辽国边疆的女真人。他们让女真人戍守边境，借用女真族的兵力征讨邻国，还强迫女真人冒着生命危险陪契丹皇室贵族游猎，为他们抓捕海东青等猎物当作贡品。

备受辽欺负的女真人对辽恨之入骨，期盼着能早日摆脱辽的控制。刚刚继承女真首领之位的完颜阿骨打更是誓要灭辽。阿骨打深知辽天祚帝昏庸无能，辽国军备废弛，于是做足了准备，在1114年正式起兵攻辽。第一仗，阿骨打就大获全胜。这时候，阿骨打的叔叔让自己的儿子宗翰去劝说阿骨打称帝。阿骨打却谦让道："才打了一场胜仗就立刻称

世界

大事记

中国

1066年 诺曼人征服英国

帝，太浅薄了吧！"宗翰又找来阿骨打的弟弟吴乞买和阿骨打最信任的渤海人杨朴前来劝说。他们纷纷说："只有尽早建国称帝，才能笼络天下人心啊！"阿骨打这才称帝，定国号为"大金"。这一年是1115年。

决定共同灭辽的"海上之盟"

建立国家后，阿骨打一刻不停，继续向辽进攻。1115年8月，阿骨打亲率两万金兵，在混同江大败辽国七十万大军。这一仗之后，金声震四方，辽则国威扫地。战报很快也传到了宋的宫廷。

虽然宋已经与辽维持了近一百年的友好关系，但是，收复五代时被契丹占领的燕云十六州一直是宋朝历代皇帝的心头大事，见辽被金所困，宋徽宗很高兴。于是，他暗中派人出使金国打探消息，得知女真人对辽的仇恨之后，便正式派遣使臣与金商讨共同灭辽之事。

而北宋到了宋徽宗时，也是内外交困。联金灭辽、收复燕云十六州，是宋徽宗所能想

到的维护摇摇欲坠统治的最好办法。而金这时候将精力全部集中在攻打辽国上，对西夏、高丽、北宋等其他邻国都暂时采取和平共处的对策。所以，双方谈了几次之后，就于1120年定下了盟约。宋答应灭辽之后，将此前"澶渊之盟"中进贡给辽的银绢给金；金则承诺将燕云十六州归还给宋。由于双方使臣有意绕过辽，渡海往返，所以这次的盟约在历史上被称为"海上之盟"。

"海上之盟"签订后，金宋就开始分别攻辽。战争仍在继续着，阿骨打却于1123年病逝。阿骨打的弟弟吴乞买随后即位，继续攻打辽国。1125年，辽天祚帝被吴乞买的手下俘虏，辽正式灭亡。

反水的盟友

宋以为与金联手不仅可以灭辽，还可以收回燕云失地，却没想到金把辽灭了之后，金宋就正式接壤了。如果金转而攻宋，宋又如何能抵挡呢？

知识充电站

生女真和
熟女真

女真人在历史上有"生女真"和"熟女真"的区分。926年，阿保机消灭渤海国之后，一部分女真人随之南迁到辽国，加入辽的国籍，这部分女真人被称为"熟女真"。另一部分留在故地的女真人没有加入辽籍，只是变成辽的属国，这部分女真人被称为"生女真"。建立金朝的是生女真，故事中所说的"女真人"指代的也是他们。

知识充电站

女真
国号由来

　　女真人将自己的国家称为"大金"，是因为完颜部的祖居地在按出虎河，按出虎在女真语言中就是"黄金"的意思。

◀ 辽朝贵族强迫女真人为他们抓捕海东青。

约1114年 印度数学家婆什迦罗第二出生

1113年 完颜阿骨打继任女真首领　　　　　　1114年 女真开始实行猛安谋克制

金

南宋

▶ 金与南宋最后形
成了南北对峙的
局面。

世界

中国

大事记

1115年 意大利佛罗伦萨成为独立的城市公社

1129年 特鲁瓦宗教会议召开，确认了圣殿骑士团
的合法地位等

1115年 完颜阿骨打称帝，建立金朝

1127年 金军掳走宋徽宗、宋钦宗，灭北宋

其实，金在灭辽的战争中早就已经开始筹划南下攻宋了。于是，在擒获天祚帝之后，金立马全力以赴攻打宋朝。1127年，金直抵汴京（今开封），俘虏宋徽宗和宋钦宗，将二人贬为庶人（普通老百姓），北宋灭亡。随后，康王赵构即位并逃到江南，开始了南宋的历史。

南北对峙的局面

灭北宋之后，金仍继续向南，想要一鼓作气灭掉南宋。但是，南宋在岳飞、韩世忠等人的努力之下，屡次转危为安。眼看金宋双方的军事实力对比已经发生变化，金朝内部决定暂停战争，与南宋议和。另一边，尽管宋军连连打了胜仗，惧怕将领权力过大的宋高宗赵构仍然执意向金乞和。双方于是在1142年正式定下和议，史称"绍兴和议"，从此南宋向金称臣，并且退到秦岭淮河以南，守着东南的半壁江山。

金与宋南北对峙的格局正式形成，金从此取代辽，成为北方霸主。

知识充电站

女真文字

女真族一开始没有自己的文字，只能学习、使用契丹文字和汉字。金建立以后，由于外交的需要，阿骨打便命令官员以契丹字为模板创造了女真大字，后来金熙宗时期又创制了女真小字。金还专门设置女真文字学校，让全国的百姓都来学习和使用女真文字。但是到了金后期，就连女真贵族中能说女真语言、与女真文字的人都越来越少了。金世宗完颜雍感到十分惋惜，还曾不止一次提倡恢复女真文字。

◀ "万鹰之神"海东青。

1130年 耶路撒冷王国准许在国内重要城市开辟商业特区，供威尼斯商人专用

1140年 西西里王国王下令，未经政府考试证明已完成必修课程的医生禁止开业

1138年 金创制女真小字

06

短暂辉煌的
大金王朝

"汉化"的国家制度

只花了十多年时间，金的前两任皇帝阿骨打和吴乞买就灭了辽和北宋，为大金国打下江山，但是他们无暇顾及国家的制度建设。直到第三任皇帝金熙宗完颜亶时，金才开始确立和完善国家制度。

完颜亶废除了带有女真人部落传统的勃极烈制度（"勃极烈"是女真语"官员"的意思），确立起像中原皇帝一样至高无上的权威。在勃极烈制度下，如果遇到军国大事，皇帝需要与几位核心官员集体商议决定；而如果皇帝犯了错误，也同样会象征性地受到处罚。勃极烈制度废除之后，皇帝就拥有了最大的权力。他还仿照汉官制度，将女真内外职官全部按照等级替换为相应的汉人官职。这就是"熙宗改制"。之后，女真人的国家制度越来越"汉化"，也越来越精简，因而变得更加强大。

以失败告终的南侵

可是，灾难随后就降临了。擅长诗文、喜欢汉文化却充满野心的海陵王完颜亮，因

金长城

虽然目前大家还不是非常确定，金修筑的到底是界壕还是长城，但因其设计合理，故后来被明长城所继承。

不满吴乞买将皇位传给完颜亶，于1150年亲手杀死了堂兄完颜亶，即帝位。之后，他不顾大臣的反对，擅自撕毁与宋的合约，试图消灭南宋，一统中原。为此，他紧锣密鼓地筹备，不惜发动整个国家的力量。

完颜亮先是将都城迁到燕京（今北京），又在南边的汴京

1145年 金正式使用女真小字　　　1150年 金熙宗去世，完颜亮自立继位

（今开封）营建宫室，准备以汴京作为南侵的跳板。1161年，他调动六十万兵马，号称百万，大举南侵。

然而，这次南侵并没有完颜亮想象中那么容易。在南宋二十万兵马的反击下，金一败涂地。不仅如此，完颜亮为了入侵南宋而修建豪华都城，大肆征调劳役，导致国内百姓逃命的逃命，造反的造反，乱成了一锅粥。堂弟完颜雍又趁他南下侵宋，在东京（今辽阳）称帝，成了金的新皇帝。完颜亮进退两难，在混乱中被手下杀死，结束了十一年的皇帝生涯。

二十多年鼎盛后
急转直下的国情

为了稳定混乱的局势，金世宗完颜雍一即位就将都城迁回中都（今北京），又赶忙着手与南宋恢复友好。但是，他并不是一味妥协求和之人。所以，他一面出兵攻打南宋，一面向南宋表达和好意愿。南宋

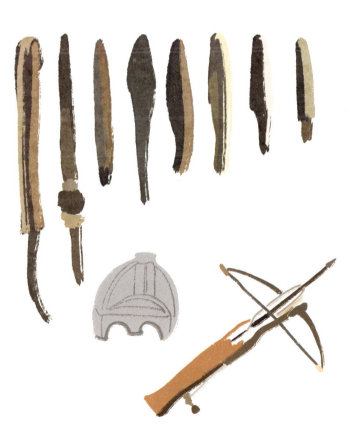

▼ 女真人"汉化"后，纷纷"弃武从文"。过去骁勇善战的女真民族，许多人放下了弓箭盔甲，拿起书卷阅读。

33

这边，刚刚即位的宋孝宗原本立志收复北宋的江山，并不理完颜雍这一套。不料经过数年的征战，却始终不能渡过黄河。双方这才"破镜重圆"，定下了"隆兴和议"，南宋不再向金称臣，双方以叔侄相称。这之后，金宋两国相安无事，金也在完颜雍的治理下迎来了二十多年的治世时期。

自完颜雍以来，天下太平，女真人逐渐失去他们骁勇善战的传统。在女真人最初的社会中，以"猛安"与"谋克"为社会的基本组织单位，阿骨打起兵时，规定三百户为一个谋克，十个谋克组成一个猛安，以此为单位选拔士兵。他们平时射猎，战时就变成英勇的军队攻打敌人。直到金的第六任皇帝完颜璟统治时期，军队中的许多掌权之人已不是通过实力获得职位的，而是贵族世袭的，作战能力远不及他们的前辈。这些人在地方上欺压百姓，兼并土地，引起百姓的不满。皇宫之内，完颜璟又过于宠幸后妃李师儿，导致李师儿与宰相联合擅政，金国危机重重。

蒙古人的崛起与金的衰落

就在这个关头，位于金国北方的蒙古高原在乞颜部贵族铁木真的领导下完成了统一，实力逐渐强大起来。由于金历来对蒙古人百般欺压，甚至每三年剿杀一次，称之为"减丁"，蒙古人对金的仇恨不亚于金当年对辽的仇恨。成吉思汗铁木真亲率兵马，开始大举伐金。

蒙古部落的兴起并不是一朝一夕的事情，早在金熙宗完颜亶时期，他们就时常在边境骚扰。为了对付蒙古部落骑兵的侵扰，金也陆陆续续修筑了一条长长的边堡和界壕。边堡之处建筑城郭来防守，界壕则是挖沟堑以阻碍蒙古部落兵马踏足。

蒙古人伐金的消息迅速传遍了周边国家。金的"老对手"南宋得知了金的内外交困，也趁机北伐。尽管最终的结果是南宋战败求和，但这一仗仍然消耗了金的不少兵力。而自金建国以来一直保持友好关系的西夏，也因为1209年被蒙古攻打时向金求援，但金却"见死不救"，双方关系破裂。西夏也开始趁乱大肆地侵掠金的边境。

这时候的金，政乱于内，兵败于外。眼看着曾经辉煌的大金国就要走到尽头。

知识充电站

纵偷日

金惩治盗贼非常严厉，但是在正月十六这一天会"纵偷"一次。在这一天，如果偷盗别人的财物甚至妻女，都不会加刑。所以每年到了这天，大家都会严加防备。就算真的遇到了小偷，也只好笑着将他打发走。

知识充电站

女真进士科

- - - - - - - - - - - - - - - - - -

金建立之后，也学习中原
"科举取士"方法来选拔人才。
但是不同于辽禁止契丹人参加
"汉式"科举考试的做法，金世
宗完颜雍却专门为女真人增设了
"女真进士科"。

▼ 蒙古部落不满金国已久，
时常骚扰金的边境。为了
抵御蒙古的侵袭，金在边
境修筑了边堡和界壕。

1196年 伦敦市民暴动，反对英王重税压迫，遭到镇压

07

百年前的
历史悲剧再次上演

知道什么叫"丧
乱诗"吗?

金国的灭亡

在金的第九任皇帝完颜守绪即位之时,金只剩下南边的半壁江山。为了集中兵力对付蒙古的进攻,完颜守绪致力于和南宋、西夏和好。

但是,这些举动在蒙古骑兵的快速征伐下,显得毫无意义。1227年农历六月,成吉思汗派一部分军队围攻西夏中兴府。农历七月,铁木真病死军中。约半年后,西夏被蒙古攻灭,铁木真临死之前,他又留下了"联宋灭金"的遗嘱。他笃定地告诉左右,宋金是世仇,南宋一定会答应的。

情况果如铁木真所料。1234年,在蒙古和南宋的联合围攻下,金被彻底摧毁。完颜守绪绝望自杀,在战乱中匆忙即位的末帝也被乱兵杀死,历经了近一百二十年的金朝灭亡。

卢沟桥

早在远古时期,卢沟桥附近就是一个重要渡口,但是直到金朝中期之前,这里都没有固定桥梁。金迁都燕京后为了改善与外地的交通,才修建了这座既牢固又漂亮的石拱桥,曾在元朝任职的意大利人马可·波罗还特意将它介绍给了西方世界。这座于八百多年前修建的卢沟桥,直到今天人们仍在使用!

丧乱诗

岐阳三首（其一）

突骑连营鸟不飞，北风浩浩发阴机。

三秦形胜无今古，千里传闻果是非。

偃蹇鲸鲵人海涸，分明蛇犬铁山围。

穷途老阮无奇策，空望岐阳泪满衣。

▶ 诗人元好问，曾写过许多感叹国破家亡的诗句。

在战争中大放异彩的
科技与文化

在金的最后几十年，不是国内叛乱，就是西、北、南三方邻国交互对它侵伐，国家陷入一场接一场的战争中。但是，也正是在这个特殊的战乱时期，金的科技和文化反而得到了发展。

在长期战争带来的人畜大量伤亡和瘟疫的情况下，医生就显得非常重要。这一时期，最有名的医生是刘完素、张从正、李杲（Lǐ Gǎo），他们三人和元朝的朱震亨发明了去热、攻下、补脾、滋阴等不同的中医治疗方法，并称为"金元四大家"。

金元之交的"北方文雄"元好问，由于痛心金的衰亡命运，创作了许多抒发国破家亡之感的诗作，这些诗作被后世的人们称为"丧乱诗"。由于他的诗文名气实在太大，蒙古重臣耶律楚材想请他入蒙古为官。可是，当时元好问已无意做官，执意留在家乡隐居。

知识充电站

"天元术"的发明

你知道吗？现在数学中设未知数解方程的办法，七百多年前的中国人就已经掌握了！金元时期的数学家李治撰写的《测圆海镜》提出了解算高次方程的方法，用"元"表示未知数，用"太"表述常数，就可以列出数据之间的关系进行解算了。这种方法在金元时期广为流行。

充满历史巧合的
青城

还记得北宋灭亡时被金俘虏的宋徽宗和宋钦宗吗？那时候，金兵将他们从青城（汴京附近）押往金国。没想到，百年之后历史再次重演。只不过，这次是金的后妃和皇族在青城被蒙古人俘虏。难怪元朝初年的郝经在《青城行》一诗中写道："天兴（金哀宗年号）初年靖康（宋钦宗年号）末，国破家亡酷相似。"

08

党项人，
帝王的后代

你知道建立西夏的党项人，自称是哪一朝帝王的后代吗？

从司马迁撰写《史记》开始，历朝史官都会为前朝编修史书，以留下它们在历史长河中的痕迹，这叫作"正史"。但是，为宋、辽、金编修正史的元朝，却没有将当时与它们并立的西夏列入其中。其实，被当成宋、辽、金、元配角的西夏国，也曾经雄霸一方，有过近两百年的辉煌。

党项的发展由来

西夏的建立者是党项人，据说是汉朝羌人支系当中的一支。最初，他们就像契丹人一样，也是中国北方土地上一支零散的游牧部落。7世纪前后，党项的人口数量增多，实力逐渐壮大。为了获得领土和食

▶ 原本姓拓跋的党项族平夏部落王室，因为受封于唐，被赐"李"姓。

物，他们不时地侵扰四方边境。

党项的迅速壮大很快引起了其两大邻国吐蕃和唐朝的警惕。在吐蕃的攻击和唐的诚意招抚之下，党项最终选择投靠唐。唐太宗李世民对党项及其他内附的少数民族实行独有的"羁縻政策"，也就是通过控制、优待部落首领实现对整个部族的控制。他将党项的故居地划分给他们，党项人既不需要像唐朝百姓一样缴纳赋税，也可以自由地繁衍后代。

但是，党项正好地处吐蕃和唐朝的中间。崛起中的吐蕃经常侵扰唐朝，每次必定会先攻打党项。饱受战争之苦的党项不得已向唐朝请求内迁。唐也十分担心党项与吐蕃联合，便爽快地答应了他们的内迁请求。

多年之后，党项最终由青藏高原迁徙到了黄土高原。他们在这里稳定下来，并且分成了东山部、平夏部、六府部、南山部等几个固定的部落。

其实是失落的鲜卑贵族

平夏部的首领是拓跋氏，也是后来建立了西夏国的那一支部落。他们信誓旦旦地称自己是北魏皇族的后裔，还传诵着一个小故事：北魏时期，孝文帝进行改革，实行"汉化"政策，引起了许多同族人的不满，他们纷纷离开中原，回到自己的祖居地生活。"拓跋氏"正是在那一时期由原本的鲜卑贵族降为普通百姓，流落到吐谷浑（黄河上游国家），与羌人融合。

成为一个独立王国

881年，拓跋氏的首领拓跋思恭带领党项人，帮助名存实亡的唐镇压黄巢起义。起义平定之后，唐僖宗论功行赏，任命有功劳的拓跋思恭为夏州的地方长官，不久又封他为夏国公，而且赐其皇室"李"姓。此后世世代代，平夏部的拓跋氏都以李为姓了。不仅如此，唐还将夏、银、绥、宥、静等五州之地（今内蒙古鄂尔多斯到陕西北部一带）赐给他，允许他拥有自己的军事力量。在唐的支持下，很快，拓跋氏就变成党项部族中实力最强的一支，成为了一个事实上的独立王国。

唐之后的五代时期，李思恭（即拓跋思恭）的后代们也一直牢牢把控着这五州之地。直到982年，党项首领李继捧亲自到宋的都城开封，向宋太宗赵炅（Zhào Jiǒng）表示愿意献出五州之地，归顺宋朝。宋太宗对李继捧的主动归附欣喜不已，提出要把李氏家族迁到开封，这却引发了党项人的反叛。

逃离北宋的党项人

李继捧的弟弟李继迁一眼就看穿宋太宗此举意在消除他们这支党项人的势力，不甘心祖辈建立百年的"夏州王国"就这么拱手让人，他急忙召集了其他的兄弟和亲信商讨对策。最后，李继迁当机立断，发布"乳母去世"的消息，让家属和部下扮作送葬队伍，逃离了宋的管辖地，头也不回地直奔地斤泽（今内蒙古鄂克托旗东北）。他决定，在这里重新聚集党项人，东山再起。

为了专心与北宋开战，李继迁求助于正与宋交战的辽，成为辽的臣属。997年，宋真宗决定对李继迁进行招抚，并且将五州故地还给了他。但党项人好勇尚武，他们并不满足于恢复五州故地。李继迁不改初衷，继续向辽称臣，并且联合辽攻打宋的边境。

重新和好

1004年，宋辽决定结束战争，达成了"澶渊之盟"，李继迁也于这一年战死沙场。考虑到失去了宋辽对抗的好时机，党项内部又因为长年征战疲惫不堪，新首领李德明决定改变策略，与北宋修好。而宋朝本就一心想要和平招抚党项。于是双方很快签订了和约，党项和北宋之间的战争总算也告一段落。宋、辽、党项都得到了一段和平发展的时期。

▶ 党项首领带着部落回到草原，建立独立的夏州王国。

09

大白高国的诞生！

世界 大事记 中国

1024年 神圣罗马帝国进入法兰克尼亚王朝

1032年 李元昊抛弃中原赐姓"李"，
改姓嵬名(Wéimíng)，也下达秃发令

▼ 在宋金两国边境，贸易十分兴旺发达，两国人可以在这里自由地做生意。

43

1037年 基辅圣索非亚大教堂始建，以拜占廷人为首的基辅大主教区成立

1036年 野利仁荣等创制西夏文字

1038年 李元昊登基，宣布建立"大白高国"，即"大夏"

1039年 西夏创蕃学，以西夏文教授学生，视成绩授官

知识充电站

《番汉合时掌中珠》

为了方便夏人和汉人学习彼此的语言文字，西夏学者骨勒茂才于1190年编撰了一部夏汉对译的词典，取名《番汉合时掌中珠》。每个汉字旁边都注明了夏字的读音，夏字旁边也注明了汉字释义。全书只有50多页，非常方便检阅和携带，真是名副其实的"掌中珠"！

李德明出于现实的考虑，对辽和宋采取"两边从属"的策略。尤其是与宋的和约，给党项人带来了极大的好处。他们每年不仅可以从富有的宋朝轻易获得大量赏赐，还可以通过民间贸易获得自己短缺的商品。边境上的榷场生意兴隆，宋朝的钱币、金银器具、茶叶、瓷器、丝绸等源源不断地流入党项。经济的发展很快为党项充实了力量，而东边的辽、宋已不必担忧，党项得以集中力量向西大肆扩张，实力大为增强。

但是，雄才大略的李元昊对父亲李德明臣属于宋的举动早就感到非常不满。李德明去世后，李元昊即位。由于党项此时仍臣属于宋辽两国，他不

▶ 野利仁荣创造西夏文字。

得不向对方通报自己即位的消息。宋朝立刻派使臣前来下达册封诏书，但是已有建国打算的李元昊对宋朝使臣怎么都看不顺眼，经过再三催促，才勉强接受了诏书。

接受册封之后的李元昊，一气呵成完成了建国前的准备。

册封当年，李元昊就抛弃了唐的赐姓"李"，下令将党项皇室及统治氏族内所有内亲的姓氏全部改为"嵬名"，并发布了一道"秃发令"。他不仅自己带头"秃发"，还命令所有的党项人必须按照鲜卑祖先的发式剃掉头顶的部分头发，三日之内不剃的，就会被杀头。他还改变了党项的服饰和官职称谓，让党项完全除去臣属中原的痕迹。实行秃发令的两个月后，他将父亲李德明修建的都城兴城升为兴庆府，开始为自己修建殿宇。1033年，他以避父亲"德明"的名讳为由，改宋的明道年号为显道，并颁布了西夏的年号。1036年，他又开始着手改革兵制。

除此之外，李元昊深知一个国家想要政令通行，必须使用文字。但是党项并没有自己的文字，这个问题令李元昊头痛不已。大臣们有的建议使用汉字，有的建议使用契丹文字，还有的建议使用回鹘文字或吐蕃文字……这时候，李元昊最喜爱的文臣野利仁荣站了出来。他说道："我们在这么多年的迁徙和征伐中，做的都是祖先们没有做过的事情，现在为什么不创造自己的文字呢？"

于是，野利仁荣废寝忘食地钻研，在1036年创制出了六千多个党项单字。李元昊立刻下令将它尊为"国字"，文字颁行的那一天，全国一片欢庆。为了推广党项文字，野利仁荣派大批人员去民间教授，他自己也经常亲自去各个地方教授。李元昊则在国家机构中设置了与"汉字院"对应的"蕃字院"，选拔党项人和汉人进入学习，专门负责党项文字相关的翻译、书写等工作。并下令党项所有的文书、佛经都必须使

知识充电站

党项人的"白色崇拜"

在中原传统认知中，将黄色奉为尊贵的帝王之色。而党项人认为白色表示圣洁，因而尊崇白色。

西夏名称由来

"大白高国"也可翻译为"白高大夏国"，简称"大夏"，但因为"夏"也是中华的雅称，所以北宋不予认可，只称它为"西夏"。

用新创文字书写。由于李元昊的极力推广，所以党项文字迅速在国内流传使用起来。

1038年，李元昊在做好了所有的建国准备之后，于兴州城内身披白色帝袍登基，宣布建立"大白高国"。西夏开始作为一个独立国家与辽、宋正式并立。这也意味着"澶渊之盟"以来维持了几十年稳定的东亚政局，即将变得不稳定。

10

两宋与
辽、夏、金的对峙

1044年 宋夏"庆历和议"　　　　　1101年 西夏设立国学（儒学）

▼ 新"三国鼎立"局面的形成。

交替的战争与和平

1040年，李元昊自认为胜券在握，于是宣布进攻关中地区，开始了与北宋的全面战争。双方激烈地打了三年，三场大的战役都以北宋的失败结束。由于长期战争对双方都是消耗，于是在1044年以"庆历和议"结束了战争。"澶渊之盟"加上"庆历和议"，使此后的半个多世纪里，西夏、辽、北宋处于一种"三国鼎立"的和平共处关系。

47

这时候，辽与北宋大致维持着和平稳定的关系。西夏与北宋，却仍不时互有攻伐。而西夏国内，也经历着约长达半个世纪的"国政危机"。就如同历史上的许多君王一样，李元昊晚年沉迷于享乐，宠信后妃，并为西夏的外戚专权开了个坏头。此后西夏的三位皇帝，都因为年幼登基，权力被母党们牢牢把控着。

▶ 西夏仁宗李仁孝十分推崇儒学。

新"三国鼎立"的局面

12世纪初，生活在辽国北方边境的女真人兴起，建立了金国。它怀着对辽的仇恨迅速地消灭了辽，占领了华北，又进攻北宋导致宋朝政权南迁，但是为了集中兵力继续对付已经迁到南方的南宋，减轻自己在西部的压力，金尽量与西夏维持着和平关系。西夏呢，本想拉拢辽国一起对付已结成联盟的宋金，没想到，辽的天祚帝并不理会，西夏索性转而向金示好。就这样，夏金于1124年定下"天会和议"，此后八十多年间没有发生战事。

由于宋朝南迁，西夏与宋不再接壤，又与东边的金定下了和约，因此其在"金、南宋、西夏"的对峙关系中获得了发展的好机会。1139年，西夏崇宗驾崩。年轻即位的夏仁宗李仁孝知道自己的父亲、爷爷、太爷爷都因年幼即位，而

知识充电站

边境书市

————————————

李仁孝不仅非常积极地从南宋吸取文化，也非常重视将本国文化传播到金国。他于1154年专门派人前往金国，请求在两国边界设立书市，出售西夏国内翻译的儒学、佛学等书籍。金的皇帝完颜亮一听，也非常赞同。于是两个少数民族间开始了文化上的交流。

使得西夏陷入母党专政的局面，所以他做了皇帝后，第一道圣旨就是将生母和嫡母两位母后尊为太后，并且不允许她们干预皇权。

尊崇文治的"法治社会"

在西夏，开国皇帝李元昊非常重视党项文化，认为党项人应当保持民族特征，不必羡慕中原人的锦衣玉帛。但是他也同样重视汉文化，重用汉人官员。西夏的第二任皇帝李谅祚是在汉臣帮助下得以亲政的，所以他一亲政就下令废除"蕃礼"，改行"汉礼"。之后，西夏又经历了几次"蕃礼"与"汉礼"的反复。夏仁宗非常尊崇宋朝的儒家文化，最终决定在这个尚武的国家里彻底实行"文治"。

北宋刚一建立，就在963年公开印行了一部法典——《宋刑统》，这是宋朝的重要法典。夏仁宗即位不久，也以西夏文公开印行了《天盛律令》，这部法典第一次在西夏明确了土地私人所有制。

土地法颁布之后，皇帝和贵族自然而然成了土地最多的人，武将通过军事扩张为自己争取领地，高级文臣则强迫民兵为自己侵耕边境的土地。普通的老百姓就只能依靠垦荒获得耕地。好在普通百姓获得耕地的方法也得到了《天盛律令》的保护，它规定，荒地由开垦者和他的族人永远占有，并且他们有权自行买卖。土地问题解决之后，夏仁宗又开始仿照宋朝的政治制度改革西夏的政权机构，从法律上明确了官员的等级。

1144年，夏仁宗下令在国内各州县设立学校，教授宋朝的儒家学说；又在宫廷里设立"小学"，让七到十五岁的宗室子弟全部入学接受儒家教育。1146年，他亲自去太学（西夏学校）祭奠孔子，并尊孔子为文宣帝；又下令国内各州县建孔庙，祭祀孔子，并且通过科举考试来选拔官员。由于夏仁宗的推崇，所以西夏的文化氛围变得非常浓厚，进入了文化的"黄金期"。

为了广开言路，他还下令将中书省和枢密院搬到内宫门外，直接听取民间底层百姓的意见。因此，夏仁宗时期敢于直谏的人越来越多。在他的治理下，西夏社会政治开明、民风淳朴，经济也非常繁荣，百姓安居乐业。

知识充电站

西夏的结束

1193年，在位五十四年的夏仁宗去世，西夏也迎来了周边环境的又一次突变。这一时期，金国北方边境的蒙古部落兴起。而经历了半个多世纪"文治"的西夏，已经丧失草原武士的杀气，在勇猛的蒙古骑兵面前不堪一击。尽管蒙古的首要目标是灭金以报国仇，但为免受到西夏牵制，蒙古人决定先灭掉西夏。1227年，西夏随着末帝被杀而灭亡。

在中国历史上活跃了近两百年的西夏就此谢幕。

西夏的特产

- - - - - - - - - - - - - - - - - - -

相比文化和技术上都更先进的宋，西夏有什么特产可以和宋贸易呢？据说西夏的白骆驼毛所制成的白毡被誉为"世界上最好的毛毡"。除此之外，西夏因为矿产丰富，所以冶炼技术也比较发达，西夏人铸造的兵器就很受欢迎。

▼ 蒙古、契丹、西夏和南宋的局势分布。

11

称霸欧亚的蒙古人！

52

世界 大事记 中国

1204年 法王腓力二世开始兴建巴黎卢浮宫

1215年 英国颁布《自由大宪章》，第一次明文规定各阶层权利义务，限制国王权力

1206年 成吉思汗统一蒙古

1219年 成吉思汗开始首次西征

▼ 成吉思汗统一了蒙古各部落。

自唐朝黄巢起义后，中国的北方地区群雄逐鹿，契丹人、党项人和女真人先后兴起，分别建立了自己的国家——辽、西夏和金，将中原王朝逼退到黄河以南，几百年维持着南北分裂和对峙的局面。

直到13世纪初，一个更加强大的部落兴起，迅速一统中国、称霸欧亚，结束了这种分裂局面。它就是蒙古。

蒙古人的发展由来

蒙古人的祖先是生活在大兴安岭北段的室韦人中的一支，叫"蒙兀室韦"。大约8世纪，包括蒙古在内的室韦各部大批西迁，蒙古部就迁到了斡难河（Wònánhé）上游地区。11—12世纪时，草原上还有大大小小很多部落，它们常年混战。当时的"蒙古"只是一些部落的统称，直到成吉思汗统一了草原，"蒙古"才成为草原各部的通称。

铁木真的崛起

后来建立了大蒙古国的成吉思汗铁木真出生于蒙古部落中的乞颜氏。相较于辽、西夏、金三国的开国皇帝，铁木真的青少年生活就显得非常悲惨了。尽管他的父亲也速该是乞颜部中一位非常有实力的人物，但他在铁木真九岁时被旧敌毒死。之后，铁木真在部落内孤苦无依，对外还得应对其他部落的敌人。左右权衡之后，铁木真决定认克烈部的首领、父亲曾经的结义兄弟王罕作义父。在实力雄厚的王罕的帮助下，铁木真的乞颜部实力大增，一举消灭了仇人塔塔儿部。但是，随着铁木真的实力越来越强，王罕对他产生了防备之心，并先发制人，出兵攻打他。一气之下，铁木真攻灭了克烈部，紧接着又在两年之内先后消灭了乃蛮和蔑儿乞这两个部落。1206年，蒙古高原各部落在铁木真的征伐下实现了统一。

从铁木真到成吉思汗！

拿下蒙古草原之后，铁木真当即在斡难河召开大会，宣布建立大蒙古国。大家尊敬地称呼他为"成吉思汗"。为了管理自己的广阔疆域，铁木真按照蒙古人的习惯，对"家产"进行了分封。他把所有的游牧民分为九十五千户，大部分千户都是混合不同部落重新组成的。然后他再把这些千户和他们的游牧地分封给自己的儿子、兄弟、功臣们，让他们世代管理。这叫"领户分封制"。

统一蒙古高原、建立大蒙古国之后，富饶的邻国就成为了铁木真下一步征伐的目标。铁木真的征伐分为向南和向西两个方向：向南最主要的目标是消灭西夏和金，向西则是为了抢掠邻国。

铁木真知道，金和西夏有联合抵制蒙古的计划。他担心灭金的时候会受到西夏的牵制，

知识充电站

蒙古人

- -

蒙古草原上的克烈、乃蛮、蔑儿乞、塔塔儿等部落本是不同部族，不属于蒙古部（即从唐朝蒙兀室韦部中发展而来的一支部族），但是被铁木真征服后，逐渐地"蒙古化"了。所以，他们在元朝通常也被视作蒙古人。

54

▶ 佩戴弓箭和刀的蒙古骑兵和手拿盾牌和剑的欧洲骑兵，谁更胜一筹？

知识充电站

兀鲁思

　　"兀鲁思"是蒙古语，意思是百姓、国家。铁木真的儿子和兄弟们得到的封地和百姓就被称为"兀鲁思"，它是一种半独立的王国，它的军队、贡税、属民等都是独立的。兀鲁思之后的汗国则是完全独立的国家。

　　于是试探性地向西夏发起了两次进攻。这两次进攻，让铁木真对西夏的实力有所了解，同时，他灭金的计划也已经成熟。1209年，铁木真开始正式进攻西夏，第二年就将它击溃了，最终在1227年灭了西夏。

　　铁木真一统蒙古高原时，西邻的国家望风而降。铁木真

简直不费吹灰之力，就将它们收归囊中。这样一来，蒙古国不仅扩大了领地，还与西方大国花剌子模正式接壤。为了维持贸易关系，铁木真暂时与花剌子模保持友好，还派使团前去拜访。但是，铁木真的使团刚离开，他的一支庞大商队就被花剌子模边境一位

贪财的守将给扣下了，还诬告他们是蒙古间谍。本就对铁木真的自大感到不满的花剌子模国王，更是不假思索下令处死商队和成吉思汗派去交涉的使者，这下立刻引发了东西两大强国的一场大战。

　　1219年秋，铁木真亲率十万大军，开始征伐花剌子模，

并趁机横扫中亚。直到1223年春，铁木真才回到蒙古。这次之后，铁木真英勇的儿孙们又先后两次大举西征，使蒙古帝国的版图一直扩大到欧亚大陆。

从分裂，再到统一

1227年农历七月，就在攻灭西夏的前夕，铁木真意外因病去世。两年之后，他的三儿子窝阔台即大汗位。这时，蒙古已把西域和西夏攻下，正是灭金的好时机。窝阔台秘密地与南宋联合，决心完成父亲的遗愿。

事实上，蒙古派使臣偷偷前往南宋时，金哀宗完颜守绪也派使臣入宋请求援助。但是，糊涂的南宋朝廷却重犯了一百多年前的错误。当年，北宋帮助金灭辽，随后金就将它赶到了黄河以南。如今，南宋竟再次答应帮助蒙古灭金。读到后面，大家就会明白，南宋是如何自食其果的！

1234年，窝阔台在南宋的帮助下，顺利消灭了金。早年蒙古与宋虽约定好要联合起来，但是双方就灭金后的利益瓜分问题迟迟不能统一意见。金被蒙古灭了之后，南宋便盘算着夺回曾被金占据的汴梁、商丘和洛阳这"三京"。这下子，被蒙古人抓到了"破坏盟约"的把柄，蒙古人索性公然攻宋。

但是，要征服南宋并非易事，何况蒙古军队还分拨了一部分兵力西征。1259年，蒙古大汗蒙哥意外死于四川钓鱼城下时，南宋仍久攻不下。又过

▶ 崖山海战后，蒙古人最终统一了中国。

1247年 藏传佛教萨迦派在吐蕃领导地位确定

1258年 蒙古旭烈兀灭阿拔斯王朝

了几年时间，处理完国内叛乱并建立了元朝的忽必烈才重新发起对南宋的战争。1279年，忽必烈将退到广东崖山的南宋朝廷一举攻灭，南宋灭亡。

蒙古在建国之后四处征战，建立了一个横扫欧亚大陆的世界性帝国，打通了中西往来的道路，影响了世界历史的发展！

12

元朝的建立！

世界

大事记

中国

1261年 蒙古设翰林院和国史院　　　1264年 蒙古改燕京为中都　　　1269年 元正式颁行蒙古新字八思巴文

▼ 阔端与八思巴等人在商谈归顺
　蒙古的事。

知识充电站

黄金家族

　　成吉思汗的儿子和兄弟，
以及他们的男性后裔，被称为
"黄金家族"，也被统称为
"诸王"。按照蒙古人的习
俗，推举大汗、出征他国等重
大事情，都必须在有诸王参与
的忽里台大会上决定。

1271年 马可·波罗开始了东方之行

1276年 郭守敬进行大规模天文观测后，制成星表，记录星数为2500颗

知识充电站

旅行家
马可·波罗

来自威尼斯共和国的马可·波罗是元朝时最著名的外国旅行家。根据他的自述，他的父亲和叔叔都是威尼斯商人，在他出生之前，他们就曾到过元上都受到忽必烈的接见。忽必烈写了一封国书，并委托兄弟二人带给欧洲教皇。1271年，兄弟二人带着马可·波罗返回元朝复命，直到1275年才抵达上都。马可·波罗受到忽必烈的信任，直接留在了元朝做官，二十年后才回到威尼斯。回去后，他在一场战争中被俘，在狱中讲述了自己在元朝的故事，1298年成书，这就是著名的《马可·波罗游记》。

汗位争夺战

1259年，蒙古大汗蒙哥意外死在了四川钓鱼城下。这时，他的二弟忽必烈正在进攻南宋，他的三弟旭烈兀则被派西征。留守蒙古本土的只剩下幼弟阿里不哥。

得知了蒙哥的死讯后，忽必烈与阿里不哥之间展开了汗位争夺战！1260年，忽必烈在开平的驻所抢先宣布即大汗位。一个月之后，他的弟弟阿里不哥在和林城也即位称汗，形成了一个国家两位君主的局面。兄弟两人展开了长达四年的汗位争夺战。

蒙古帝国的分裂

当年，铁木真按照蒙古人的草原分封制度，将西征得来的大片领土分给了儿子和兄弟们等。其中，他的二儿子和三儿子得到了由他们自己的名字命名的察合台汗国和窝阔台汗国。大儿子术赤的封地，后来由术赤的儿子拔都建立钦察汗国（又名金帐汗国）。忽必烈在争夺汗位的时候，为了取得胜利，曾派使臣拉拢西征在外

的弟弟旭烈兀，并允许他建立独立的伊利汗国。

1264年，阿里不哥投降，忽必烈夺得了汗位，但汗位纷争也导致了蒙古帝国的分裂，形成四大汗国分立的局面。有人认为，四大汗国指的是前面说的这四个汗国。但因为窝阔台汗国存在时间很短，所以也有人认为，四大汗国中没有它，而应该包含元世祖忽必烈所建立的元朝。

忽必烈的元朝

为了管辖征服的大片中原汉地，忽必烈意识到他的契丹谋臣耶律楚材所建议的"中央集权、地方分权"是个好办法。但是，此时的蒙古已经将地方军权和民权都分封给了世侯们，突然收回他们的权力，会引起他们的不满。但很快，机会来了。1262年，山东的一位世侯李璮（Lǐ Tǎn）发动叛乱。叛乱平定之后，忽必烈趁机削弱地方世侯的势力，迫使他们交出了实权和军队。

之后，忽必烈在中央设中书省，管理全国的行政事务。

知识充电站

八思巴文

　　成吉思汗建国前，蒙古没有自己的文字，后来逐渐用畏兀儿文写蒙古语。1269年，八思巴奉忽必烈之命创制蒙古新字。他以藏文字母为原型，创造了一套字母，可以拼写元朝的各种语言。这套以八思巴名字命名的文字被定为元的官方文字，但八思巴蒙古文在元灭亡之后基本就不使用了。

▼ 马可·波罗途经沙漠，最后抵达元大都。

但是因为疆域太大，中央管理不过来，就在各个地方设定中书省的派出机构，由中央官员前去管理，简称"行中书省"或者"行省"。"行"是临时、代理的意思。为避免地方自成一派，忽必烈设置的行省，有意打破了历朝以山川作边界的局面。到了元武宗海山统治时期，将全国划分为十个行中书省，统管全国除了吐蕃以外的地区。

　　吐蕃地区则专门由"宣政院"来管理。忽必烈刚即位不久，便封吐蕃佛教第五代法王（藏地的宗教领袖）八思巴为国师，后来又封他为帝师，掌管佛教和吐蕃所有事宜。这其中，还有一段小故事。1246年，窝阔台的次子阔端镇守凉州（今甘肃）时，非常希望能收服吐蕃。虽然蒙古军很强

知识充电站

《格萨尔王传》

很久很久之前，西藏地区天灾人祸、妖魔横行。半人半神的格萨尔被派往人间。他从出生起就开始为民除害，斩妖除魔。直到降伏人间所有妖魔，功德圆满的格萨尔才返回天界。这部世界上最长的史诗，约形成于元朝，是藏族民间广为流传的一部英雄史诗，人们至今仍在传唱。

▼ 忽必烈在开平的忽里台大会上被推举为大汗。

大，但武力并不是唯一的解决办法，如果能找一个领袖来谈判就好了。可惜，这时的吐蕃没有主事的君主，政治和宗教是由各宗教派别的领袖说了算的。而萨迦派的萨迦班智达很有威望，正是适合的谈判人选。为了消弭战争，萨迦班智达接受了阔端的邀请，带着自己的侄子八思巴前往凉州，商谈归顺蒙古的条件。这一次的和平谈判后，吐蕃各地归附蒙古，萨迦派也因此成为了吐蕃的掌权者。

忽必烈于1279年灭亡南宋之后，他想让海外的诸国都臣服于元朝，变成自己的"行省"。于是，临近的日本、缅

国（今缅甸）、占城（今越南中部）、安南（今越南北部），甚至爪哇，都遭到了忽必烈的征伐。不过，除了对缅国的征伐之外，其他的征伐最终都失利撤军。

忽必烈建立的元朝，既遵行汉法，又保留草原特色。因此，元朝的都城有两个，一个

是位于漠南草原的上都（今内蒙古正蓝旗境内），一个是位于汉地的大都（今北京）。元朝的职官、仪式、圣旨等也兼具蒙古人和汉人的习惯。此后的元朝，就是在忽必烈制定的制度框架下运转了。

知识充电站

京杭大运河的"前身"

忽必烈灭南宋之后，大都的生活多依赖江南物产。起初，运送货物的船使用隋朝修建的运河，但是不能直达，还需配合陆上交通。为了解决内河运送物资的问题，忽必烈下令大开运河。经过三次开凿，终于将海河、黄河、淮河、长江、钱塘江五大水系全部贯通。从此以后，人们从杭州到大都，便可以通过水路直达了！这就是今天全程将近一千八百千米的京杭大运河前身。

13

元朝的读书人都在干什么？

你知道"六月飞雪"是用来形容什么的吗？

▶ 元朝时，我国天文学方面有了很大的发展。

世界大事记 中国

1299年 奥斯曼帝国初立

1302年 法国首次召开教士、贵族、平民三级会议，使皇权增强，教权变弱

1298年 王祯创制木活字，并试印《旌德县志》

自成吉思汗1206年建立大蒙古国后，蒙古人一百多年间都没有举行科举考试，朝廷内高级官员的任命主要是通过世袭和推荐等办法。直到1313年（1271年忽必烈建立元朝），元仁宗下令恢复科举。但元朝的普通读书人很少能像唐宋时期那样"学而优则仕"。就算通过参加考试获得"儒户"的世袭户籍，大部分读书人也只能担任低级官吏，在元朝的官场上备受轻视。因难以追求功名，所以他们只好转而去研究科学技术，或是专门进行书法、绘画、戏曲等艺术创作。

知识充电站

诸色户计

元朝将每一户家庭列为民户、军户、匠户等其中的一种，并登记在户籍上，每个家庭要世袭从事某一种职业。这些职位不仅有等级的不同，而且世代不能改变。军、匠等户籍是国家强制安排的，儒、僧、道等户籍则是在耶律楚材的建议下，只有通过考试才能获得国家认可。这是元朝特有的一项户籍制度，叫作"诸色户计"。

◀ 关汉卿的元杂剧《窦娥冤》中，"六月飞雪"的故事十分有名。

65

元朝的天文学

　　郭守敬是元朝著名的天文学家。元朝统一后，由于之前使用的辽、金历法都不准确，于是忽必烈命令许衡、王恂等人编制新历。郭守敬则被派协助许衡，主要负责天文仪器的制作和观测。为了准确观测，他改创了十几种天文仪器。而由汉朝的浑天仪改造而成的简仪，既增加了观测范围，又增加了准确度。此外，他用自己改创的仪器，领导了许多次天文观测。

　　在郭守敬的建议下，元朝一共设立了二十七所观测台，最北位于北极圈附近，最南位于今天的越南。这些观测台所得到的数据，最终帮助许衡、王恂等人编成了《授时历》。这部元朝编制的日历一直使用了三百六十多年，还传播到了朝鲜和日本。

元朝的地理考察

　　在元朝之前，有许多地理资料提到了黄河的源流，但大多不准确。1280年，忽必烈专门命人探察黄河源头，想要在那里建立城市，使西域的货物可以顺着黄河运送到大都。考察者三次到达吐蕃，终于找到河源，考察结果被撰写成《河

源志》。

尽管元朝最后并没有在河源建城，但《河源志》对黄河源头的精确描述却超越了历朝历代。元朝还有一本地理名作《舆地图》，是由道士朱思本绘制而成的。朱思本在奉命祭拜名山大川的同时，顺便进行了二十多年的实地考察，又吸收了前朝地图绘制的方法，绘成了这部"长广七尺"（两米多长）的《舆地图》。可惜这部地图最后失传，只能在明朝据此绘成的《广舆图》中看出一些《舆地图》的面貌了。

元朝的农学

在元朝，有三本非常经典的农学著作。一本是由司农司（专门负责农业的政府部门）于1273年编成的《农桑辑要》，它囊括了古今农家书籍，分门别类地介绍了耕垦、播种、栽桑等北方农作经验，专门用来指导百姓耕地。一本是由王祯在1313年编成的，对全国农业进行研究的农学史巨著《农书》。还有一本是由畏兀儿人鲁明善于1314年编成的《农桑衣食撮要》，内容主要是对汉地农业的介绍。

与唐诗、宋词齐名的元曲

除了科学技术，元朝最引人注目的还是元曲，它包括杂剧和散曲。

在元朝的城市生活中，杂剧和散曲非常流行，还出现了关汉卿、马致远、白朴、王实甫等专门创作杂剧或散曲的作家。散曲是配上歌词的乐曲，由宋词发展而来，一般是单独清唱。杂剧则是用戏曲来表演故事的娱乐形式。在元朝之前的唐宋，诗词兴盛，词慢慢演变为讲唱的曲，曲又慢慢演变为戏，杂剧就出现了。

关汉卿的《窦娥冤》是元杂剧中的名作，取材自汉朝"东海孝妇"的民间传说。传说，有一位名叫窦娥的寡妇含冤入狱，被押至刑场临刑前，她对天许下三个誓言：一是她死后血不会洒在地上，二是六月降雪三尺，会将她的尸体掩盖，三是楚州（今江苏）将大旱三年。最后这些全部应验了，这也证明了窦娥的冤屈。所以现在人们会用"窦娥冤"或"六月雪"形容受到冤屈。其他作家的经典名剧，如《西厢记》《拜月亭》《汉宫秋》

《窦娥冤》
主角窦娥。被冤枉的窦娥，在牢狱里屈打成招，被判死刑。在死前，窦娥向天发的三个誓愿，最后一一实现，证明了她的清白。

《汉宫秋》
主角王昭君。西汉的汉元帝，因为受到匈奴威胁，不得已将最爱的明妃王昭君送去和亲。昭君不愿两国发生战争，自愿前往，最后在和亲路上投水而死。

《梧桐雨》等，也广为传唱，受到民众的喜爱。

在元朝，无论在书法还是绘画的成就上，赵孟頫（Zhào Mèngfǔ）都可以排到第一名。元朝之后，也少有人能及。他的书法深受东晋书法家王羲之的影响，讲究笔法，以楷书和行书最为有名。他的绘画则讲究"写意"的文人风，也就是用更简练的笔法来画画，虽然不那么逼真，但神态、气质表现得很好。山水、花鸟、竹石、人物都是他擅长的题材。

除了这些从事科学技术研究和艺术创作的读书人之外，还有一些普通读书人，只能选择从事算命等"卑微"的职业来维持生计，有一些甚至沦为奴隶。元朝的浙西一带，经济富庶，一些读书人衣食无忧，却又难以取得功名，于是他们经常邀请朋友，举行文人聚会。顾瑛的"草堂雅集"就是其中一个。他在自己的故居修建了一座园林，广邀天下文人名士一同吟诗作对、欣赏美景，以此度过每日的生活。

《赵氏孤儿》

主角赵武。

春秋时期，屠岸贾诬陷晋国的赵盾，杀死了他全家。但孙儿赵武却被人救走了。屠岸贾下令在全国搜捕赵家的这个孤儿，都没有结果。而赵家的门客、晋国的公主等人，为了保护赵武，都献出了生命。赵武长大后，把冤情禀告给了国君，终于为家人报仇。

《梧桐雨》

主角杨贵妃。

唐明皇十分宠爱杨贵妃，天天和她待在一起，荒废了朝政。安史之乱时，二人仓皇逃跑。在行军至马嵬坡时，军士们逼迫唐明皇赐死了杨贵妃。杨贵妃死后，唐明皇非常伤心，一天夜里梦到和杨氏团聚，却在梦中惊醒。醒来时，耳边只有夜雨拍打梧桐的声音。

69

14

最后的
草原帝国

1332年 英国议会分为贵族和平民两院，首次分院议事

1328年 朱元璋出生

◀ 在元朝，皇帝更换得非常频繁。

元朝的第二任皇帝是谁？

选谁当皇帝？

1294年，七十九岁的忽必烈去世了。去世之前，他有意让孙子铁穆耳即位，但是他明白，按照蒙古人的传统，下一任皇帝的人选应该由诸王在忽里台大会上推选而来，先皇的遗嘱往往效果不大。于是，1293年底，病危的忽必烈将灭掉南宋的主将伯颜召回，亲自将铁穆耳托付给了他。第二年，忽里台大会如期举行，刚从漠北回来的甘麻剌和铁穆耳两兄弟成为最后的竞争者。

他们的母亲提议，让两人背诵成吉思汗的祖训，优胜者继承皇位。甘麻剌口吃，不出意料输了比赛。但对这个结果，大家仍然议论纷纷。这时候，伯颜握着剑站了出来，称自己为"顾命大臣"。他说，让铁穆耳继位是忽必烈的遗嘱，谁敢不听？迫于伯颜的实力，诸王不敢再说什么，铁穆耳这才顺利成为元朝的第二任皇帝。

1337年 英法百年战争开始

1335年 元朝下诏停止科举

1342年 拜占庭爆发吉洛特起义

1344年 中欧的神圣罗马帝国与条顿骑士团各城市之间形成的
商业、政治联盟"汉萨同盟"一词首次出现在记载中

▲ 元朝时，黄河下游再次决口泛滥。

1347年 欧洲开始爆发"黑死病"鼠疫，人口大减

短暂的天下太平

与爱征伐的蒙古先辈们相比，铁穆耳是一位"善于守成"的皇帝，他基本延续了先皇的政策，也不喜欢打仗。刚即位，他就宣布停止对安南和日本的战役，这对百姓们来说是件好事，可元朝统治这时已经危机重重。

但因为铁穆耳有武将重臣伯颜的支持，所以当时没有出什么乱子。铁穆耳去世之后，元朝开始频繁地更换皇帝。短短二十几年间，居然换了八任！每当面临皇位更迭，大家便争个不停。其中有五位皇帝是通过争夺得到的皇位，两位皇帝被杀，一位皇帝失踪。

这二十几年，皇位经常发生空缺，大臣们便趁机擅政。

大权在握的大臣

到了1333年，十三岁的元顺帝妥懽帖睦尔即位之时，元朝的另一位权臣燕铁木儿刚刚去世，朝政便由伯颜（跟拥立元成宗的伯颜重名）一人把持着。伯颜大权在握后便无所顾忌，挪用公款，搜罗精兵，杀害无辜，只任用自己喜欢的人。他的封号、官衔加起来竟然有二百四十六个字！这引起了元顺帝的不满。终于在1340年，妥懽帖睦尔联合伯颜的侄子脱脱用计将他罢免。

很快，脱脱取代了伯颜的

▼ 起义军们大败元军，元朝的统治结束，蒙古人最后又撤回了草原。

职位。他将年号更改为"至正"，又恢复了科举，注重减轻百姓负担。1344年，脱脱因病请辞宰相。也正是从这一年开始，元朝这个庞大的帝国开始走向灭亡。

脱脱辞相的当年农历五月，黄河下游连下二十多天大雨，河南一带发生两次决口，沿河地区大多被淹没。水灾过后，第二年紧接着发生大旱和瘟疫。灾区农田颗粒无收，成千上万的百姓，流离失所。但是，黄河决口后，地方上因难以承受这项巨大工程而互相推诿，黄河迟迟没有得到整治。妥懽帖睦尔认为对地方的治理还是得依靠脱脱，于是在1349年夏天重新启用了他。

脱脱重新上任之后，马上发布了两项命令。一是发行新钞，来弥补财政困难和筹备治理黄河所需的钱款。二是将黄河恢复到原有的河道。然而这两项命令都遭到大臣们的极力反对。他们认为，印新钞会使百姓手上原有的旧钞贬值，容易引起百姓不满。其次，如果为了恢复河道聚集二十万人修河，日后问题恐怕比河患还大！但是，脱脱仍一意孤行。

脱脱修史

自忽必烈时期开始，蒙古人便筹划着给前朝修史。在元之前，共有辽、西夏、金、宋四个政权，蒙古人认为西夏王朝控制的汉地并不重要，便自动忽略了它。而辽、金、宋三朝，哪个才是正统呢？大家一直争论不休，导致修史工作迟迟无法进行。直到脱脱担掌实权，他说道："三朝都是正统，各按照它的年号来修！"两年半就修成了三史。

庞大帝国的
衰落与灭亡

1351年，恢复河道的工程刚刚开工，早就对朝廷不满的民间教派白莲教便开始谋划造反。白莲教的头目韩山童派人在工地事先埋下一尊一只眼的石像，然后沿着河散布"莫道石人一只眼，挑动黄河天下反"的歌谣。很快，石像被人挖出，百姓们果然相信了他的话，纷乱不已。韩山童眼看机会到了，便聚集教徒，准备起义。谁知道消息走漏，起义之前韩山童就被地方官员给抓住杀害了。

韩山童的同伴刘福通逃到颍州（今安徽境内），带领头裹红布的起义军，正式起义。刘福通的起义，很快就激起了许多流离失所的百姓们的响应。徐寿辉占据蕲州（Qízhōu，今湖北蕲春南），李二占据徐州，郭子兴占据濠州（今安徽凤阳），方国珍占据浙江，张士诚占据江苏……一时间，南方的半壁江山群雄并起。而元朝的北方军队们此时却还在为了争夺地盘而互相攻伐，他们在农民起义军的进攻下连连败下阵来。1368年，击败各路起义军的朱元璋，派大将徐达攻陷了元的都城大都（今北京），妥懽帖睦尔向北撤退到蒙古草原。历史上将这一年视为元朝结束。

退回到蒙古旧地的妥懽帖睦尔继续使用"大元"的国号，他的继任"皇帝"们又将元朝延续了二十年，继续与明朝敌对。历史上称这一时期为北元。1388年，天元帝脱古思帖木儿被袭杀，继任的蒙古大汗不再使用大元国号和年号，北元彻底宣告结束。

元朝的纸钞

大家现在习惯使用的纸钞，早在北宋时就有了。当时的人们本来使用的是铁钱，但是四川山路崎岖，铁钱不便携带且增重负担容易丢失，于是当地人制造出一种纸币使用，它叫作"交子"。一段时间后，"交子"才被官方认可，成为国家发行的钱币。元朝自忽必烈即位起，便开始在全国通行纸币。元末，纸币制度最终崩坏。